So wird es gemacht:

Öffne das LÜK®-Kontrollgerät und lege die Plättchen in den unbedruckten Deckel. Jetzt kannst du auf den Plättchen und auf dem Geräteboden die Zahlen 1 bis 24 sehen.

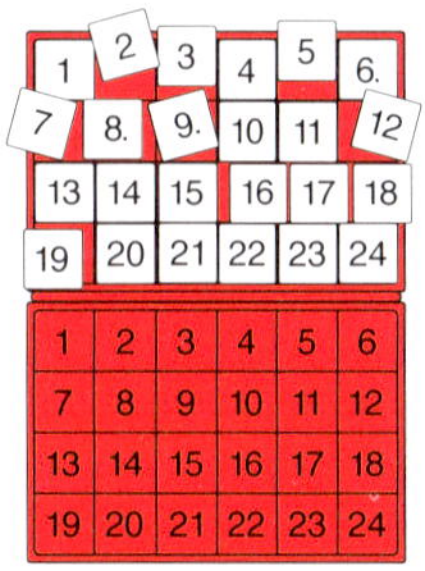

Beispiel: Seite 2
Langgesprochene Vokale werden unterschiedlich geschrieben
Nimm das Plättchen 1. Der Tabelle von Aufgabe 1 kannst du entnehmen, mit welchem Buchstaben das gesuchte Wort beginnt. Suche das Wort und die dazugehörige Lösungszahl im Wörtersuchspiel. In unserem Beispiel lautet die Lösung: *Uhr* mit der Zahl 5. Das ist auch die Feldzahl im Kontrollgerät, auf die du das Plättchen legen musst. Die Zahl 1 muss nach oben zeigen.

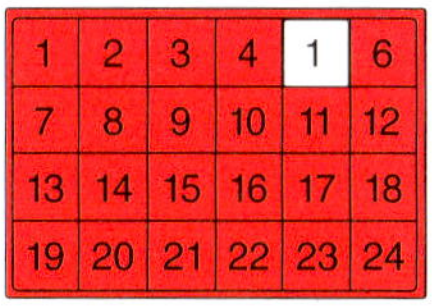

So musst du weiterarbeiten, bis alle Plättchen im Geräteboden liegen. Schließe dann das Gerät und drehe es um. Öffne es von der Rückseite. Wenn du das bei der Übungsreihe abgebildete Kontrollmuster siehst, hast du alle Aufgaben richtig gelöst.

Passen einige Plättchen nicht in das Muster, dann hast du dort Fehler gemacht. Drehe diese Plättchen da, wo sie liegen, um, schließe das Gerät, drehe es um und öffne es wieder. Jetzt kannst du sehen, welche Aufgaben du falsch gelöst hast.

Nimm diese Plättchen heraus und suche die richtigen Ergebnisse. Kontrolliere dann noch einmal. Stimmt jetzt das Muster?

Das System ist für alle Übungen dasselbe: Die roten Aufgabennummern im Heft entsprechen immer den LÜK-Plättchen aus dem Kontrollgerät. Die Zahlen hinter den Lösungen sagen dir, auf welche Felder des Kontrollgerätes du die Plättchen legen musst.

Auf einigen Seiten ist die Kontrolle nach Lösung der Aufgaben 1 bis 12 oder 13 bis 24 möglich. Diese Seiten erkennt man an der Abbildung der geteilten Kontrollmuster. Lege dann auch nur die Plättchen 1 bis 12 bzw. 13 bis 24 in das Kontrollgerät.

Und nun viel Spaß!

Langgesprochene Vokale werden unterschiedlich geschrieben

In den meisten Fällen wird ein langgesprochener Vokal (Selbstlaut: *a, e, i, o, u*) nicht besonders gekennzeichnet: *sparen, die Spur, böse.*
Ein langgesprochener Vokal kann aber auch durch ein *h*, durch *ie* oder durch einen doppelten Vokal *(aa, ee, oo)* gekennzeichnet werden.

1 Suche zu jeder Aufgabe der Tabelle das passende Wort im Wörtersuchspiel. Lege in deinem Heft die gleiche Tabelle an. Trage die Wörter ein.

ah, eh, oh, uh	***ie***	***aa, ee, oo***	**ohne Kennzeichnung**
1 U..	4 S.....	7 B...	10 N...
2 L...	5 fl.....	8 T..	11 T..
3 z...	6 sch.....	9 S...	12 h....

B	I	S	Z	H	O	F	2 S	Ä	X	E	N	5 U
E	S	T	9 N	A	U	T	C	H	B	U	C	H
I	D	4 Z	A	H	M	C	H	B	U	11 T	Ü	R
N	1 L	O	M	S	A	6 S	I	E	G	E	R	E
7 H	O	L	E	N	H	Ä	E	N	K	A	V	3 S
A	H	I	M	12 T	E	E	ß	G	M	T	E	A
N	N	E	E	A	U	E	E	E	B	O	R	A
D	10 F	L	I	E	G	E	N	L	8 B	O	O	T

Wörter mit Dehnungs-*h*

Tipp 1
Ein langgesprochener Vokal (*a, e, o, u*) oder Umlaut (*ä, ö, ü*) wird oft durch ein *h* gekennzeichnet: *st**eh**-len, sich r**üh**-men, Z**äh**-ne, f**ah**-ren.*
Dieses *h* kannst du nicht hören.
Ein Dehungs-*h* steht nur, wenn anschließend ein *l, m, n* oder *r* folgt.

2 Überlege, ob die folgenden langgesprochenen Vokale mit Dehungs-*h* geschrieben werden.

Pech!

		mit ***h***	ohne ***h***
1	Es wird allmä-?-lich dunkel.	19	24
2	In einer halben Stunde wird es A-?-bend.	16	21
3	Dann ist es natürlich verbo-?-en	22	24
4	o-?-ne Licht	20	18
5	zu fa-?-ren.	17	13
6	Mein Licht ist kaputt. Ich muss daher schnell mit meinem Ra-?-d nach Hause.	14	22
7	Wenn man mich erwischt, kann das eine Stra-?-fe kosten.	19	15
8	In ungefä-?-r	13	21
9	ze-?-n Minuten werde ich zu Hause sein.	23	15
10	Ich tre-?-te kräftig in die Pedale.	24	18
11	Leider komme ich bei dem starken Verke-?-r nur langsam voran.	14	17
12	Jetzt ist auch noch die Ampel ro-?-t!	20	16

3 Wie heißt das fehlende Reimwort?
Schreibe beide Wörter auf:
wählen – zählen.

Seltsame Reime

1	Willst du etwas Teures wählen, musst du erst die Groschen -?- .	fehlen 4
2	Wenn am Kopf du heiß dich fühlst, am besten du mit Eis dich -?- .	Ohr 11
3	Wenn die Bässe richtig dröhnen, werden bald die Nachbarn -?- .	zählen 12
4	„Hoppla“, sagt der kleine Mohr und kratzt sich schnell am linken -?- .	Mühle 7
5	Warum soll ich Rosen stehlen, wenn mir dazu Gründe -?- !	stöhnen 9
6	In der abendlichen Kühle klappert laut die alte -?- .	kühlst 8

7	Auf dem Mist, da kräht der Hahn, auf dem Fluss, da fährt der -?- .	Lohn 1
8	Ess ich abends roten Kohl, ist mir in der Nacht nicht -?- .	mehr 5
9	Nach Weihnachten, nun das ist wahr, folgt ganz schnell das neue -?- .	Kahn 2
10	Ist beim Pferd schon grau die Mähne, hat es bald auch keine -?- .	wohl 6
11	Pudding essen mag Jan sehr, doch jetzt will er keinen -?- .	Jahr 10
12	„Gute Noten“, sagt der Sohn, „fordern den gerechten -?- .“	Zähne 3

4 Welche Wörter kannst du bilden?
Schreibe sie auf.

1	St	ah	len 21
2	z		rt 20
3	F		l 23
4	st	eh	rer 22
5	n		len 24
6	L		men 14
7	L	oh	nen 18
8	w		le 19
9	K		n 16
10	St	üh	ren 15
11	k		le 13
12	r		n 17

Tipp 2
Wird ein Wort mit Dehnungs-*h* geschrieben, musst du alle Wörter dieser Wortfamilie mit *h* schreiben:
stehlen - er stiehlt - er stahl - der Diebstahl.

5 In dem Wörtersuchspiel findest du zwölf Wörter zu den drei Wortfamilien. Schreibe sie mit den Zahlen auf. Ordne zu jeder Aufgabe das passende Wort zu.

fahren	**wohnen**	**wahr**
1 (du) . äh . . .	5 (die) . oh	9 . . . ah .
2 (die) . . . ah .	6 (du) . oh . . .	10 (die) . ah . . . . .
3 (die) . . . . . ah . .	7 . oh	11 . ah . . . .
4 . . . äh	8 . . . . . oh . .	12 . ah . . . .

B	I	S	C	4 G	O	F	S	Ä	G	E	N	U	S	Z	K
E	12 W	T	N	E	U	T	C	H	B	U	C	U	W	L	E
1 B	A	H	N	F	A	H	R	T	U	T	Ü	R	P	R	N
N	H	O	M	A	A	S	I	E	G	3 W	R	E	O	2 U	F
N	R	L	E	H	H	Ä	E	N	7→ 8↓ W	O	H	N	U	N	G
A	N	I	M	R	N	G	ß	G	A	H	E	9 W	R	W	B
5 G	E	F	Ä	H	R	L	I	C	H	N	R	O	E	A	Ö
D	H	L	I	E	G	6 F	Ä	H	R	S	T	H	J	H	T
R	M	W	U	T	G	K	Ö	J	H	T	X	N	E	R	Q
Z	E	10 W	A	H	R	S	C	H	E	I	N	L	I	C	H
11 U	N	B	E	W	O	H	N	T	I	R	P	I	X	Y	U
I	H	M	N	B	V	Z	W	L	T	Z	E	C	M	L	O
S	E	T	R	B	N	L	D	G	U	I	P	H	Ä	Q	W

6 Die folgenden Wörter mit Dehnungs-*h* werden oft falsch geschrieben.
Übe diese Wörter mit Bingo:

- Lege alle Plättchen mit der Musterseite nach oben in den LÜK-Kasten. Die Anordnung ist beliebig.
- Drehe ein Plättchen um und lies die Nummer des Plättchens. Im Bingoplan unten findest du unter dieser Nummer ein Wort (z.B. 4 -› *wahr*).
- Schreibe das Wort in dein Heft und belege das Feld im Bingoplan mit einer Büroklammer oder etwas Ähnlichem.
- Wenn du fünf Felder senkrecht, waagerecht oder diagonal belegt hast, heißt es „Bingo!" und du bist fertig.
- Das Feld in der Mitte ist ein Jokerfeld. Dafür gibt es kein Plättchen. Du kannst dieses Feld frei wählen, das Wort aufschreiben und das Feld belegen.
- Spannender ist Bingo, wenn du es mit einem Partner oder einer Partnerin spielst. Dafür braucht ihr dann einen zweiten LÜK-Kasten und eine Kopie des Bingo-Plans.

1 ähnlich	6 allmählich	11 ehrlich	15 bedroht	20 wohl
2 sie erzählt	7 gewöhnlich	12 zehn	16 verkehrt	21 während
3 Stühle	8 mehr	ohne	17 mehrere	22 berühmt
4 wahr	9 fröhlich	13 die Gefahr	18 er nahm	23 die Bahn
5 ungefähr	10 ungewohnt	14 das Jahr	19 gefährlich	24 sehr

Wörter mit *ih*

Tipp 3
Die Pronomen *ihm, ihn, ihr, ihre, ihren* werden immer mit *h* geschrieben:
Kommt ihr? Ich mag ihn. Sie ruft ihren Bruder.

Achtung! Nicht verwechseln mit *im* und *in*: *Ich bin im Bad. Er ist in der Klasse.*
Das *i* wird in diesen Wörtern kurzgesprochen.

7 Ersetze die unterstrichenen Wörter durch passende Pronomen.

Dirks neue Freundin Petra

1	Gestern habe ich <u>Dirk</u> in der Stadt getroffen.	ihren 16
2	Natürlich habe ich mit <u>Dirk</u> über Petra gesprochen.	ihre 21
3	Ich habe Dirk <u>Petras</u> Telefon-Nummer gegeben.	ihn 23
4	Heute habe ich <u>Petra und Dirk</u> gesagt,	ihm 19
	dass sie am Samstag zur Party kommen sollen.	ihr 20
5	Sie wollen <u>Petras</u> Vater bitten,	ihnen 24
	dass er sie mit dem Auto bringt.	
6	<u>Petras</u> Vater macht das bestimmt, der ist in Ordnung.	

Setze die richtigen Pronomen ein.

Meine Meerschweinchen

7	Ich habe zwei Meerschweinchen.	ihr 17
	Ich gebe -?- jeden Tag Futter.	ihre 13
8	Einmal in der Woche muss ich	ihn 15
	-?- Käfig sauber machen.	ihren 18
9	Das Männchen heißt Fridolin.	ihnen 14
	Ich bürste -?- täglich das Fell.	ihm 22
10	Dabei kraule ich -?- .	
11	Seine Frau Jule ist sehr scheu.	
	Mit -?- muss ich mich noch viel beschäftigen.	
12	Jule ist trächtig.	
	Ich freue mich auf -?- Jungen.	

Wörter ohne Dehnungs-*h*

Tipp 4
Es gibt auch Wörter ohne Dehnungs-*h*, obgleich nach dem langgesprochenen Vokal ein *l, m, n* oder *r* folgt, z. B.: *Kran, Name, nämlich, Qual, quer, Span, Schule, Tal, wem.*
Diese Wörter musst du dir merken.

8 Suche zu jeder Aufgabe das passende Wort im Wörtersuchspiel. Schreibe es auf.

1 (die) Sch . . . . . .
2 (du) h . . . .
3 (die) K . . . .
4 e . . . . .
5 n . .
6 (die) T . . . .
7 t . .
8 (im) J . . .
9 k . . .
10 s . . . . .
11 w . .
12 (das) T . .

A	24 H	A	20 S	U	N	13 W	V
S	O	15 S	C	H	W	E	R
16 N	L	O	H	14 J	U	N	I
U	S	C	Ü	B	E	X	19 E
N	T	Z	L	21 K	U	U	I
U	M	17 T	E	R	18 T	U	N
22 K	L	A	R	O	S	N	M
G	V	L	I	N	P	E	A
23 T	R	Ä	N	E	B	A	L

Das *h* zwischen zwei Vokalen

Tipp 5
Das *h* steht auch zwischen zwei aufeinander folgenden Vokalen (Selbstlauten):
*s**e**-hen, dr**o**-hen, R**e**-he, M**ü**-he.*
Der Vokal der ersten Silbe wird lang gesprochen.
Die zweite Silbe beginnt mit einem *h*.

9 Welche Wörter sind in diesen Wörtersuchspielen versteckt?
Schreibe sie auf.

1 s-?-en
2 z-?-en
3 bein-?-e
4 fr-?-er
5 g-?-en
6 gesch-?-en
7 n-?-e
8 fr-?-e
9 Sch-?-e
10 h-?-er
11 r-?-ig
12 fl-?-en

A	F [20]	[7] S	E	H	E	N	S
N [4]	R	O	G [10]	E	L	B	F [3]
A	Ü	[17] G	E	H [6]	E	N	L
H	H	V	S	Ö	R [14]	G	I
E	E	[23] S	C	H	U	H	E
[1] F	R	O	H	E	H	E	H
Z	O	O	E	R	I	H	E
A	U	S	H	E	G	E	N
C	[9] Z	I	E	H	E	N	Z
[12] B	E	I	N	A	H	E	D

13 . äh .
14 . . . . eih . .
15 . . öh .
16 . . üh . .
17 . . oh . . .
18 . . . üh . .
19 . . eh . .
20 . uh .
21 . . . . eh . .
22 . . . öh . .
23 . eih .
24 . üh .

Tipp 6
Das *h*, das zwischen zwei Vokalen steht, bleibt auch in anderen Wortformen der Wortfamilie erhalten.
Im Zweifelsfall verlängere die Wortform und prüfe, ob jetzt die beiden Vokale zu hören sind: *das Reh – die Rehe; er sieht – sehen*.

10 Überlege, von welchem Wort du die richtige Schreibweise ableiten kannst.
Prüfe mit LÜK.
Schreibe beide Wörter so heraus: *geschah – gesche-hen*.

Freitag, der zwölfte!

1 Mein Lehrer hatte mir eine Strafe angedro-?-t, falls ich meine Aufgaben wieder nicht zeigen könnte.
2 Daher hatte ich mich sehr bemü-?-t, die Hausaufgaben rechtzeitig zu erledigen.
3 Das war mir leicht gefallen, da ich sowieso Fernse-?-verbot hatte.
4 Als abends meine Aufgaben fertig waren, war ich richtig fro-?-.
5 Ich hatte mich jedoch zu frü-?- gefreut, denn am nächsten Tag vergaß ich mein Heft zu Hause.
6 Beina-?- wäre ich vom Stuhl gefallen, als ich in der Schule mein Heft nicht finden konnte.
7 Minni, die dumme Ku-?-, fing schon an zu lachen.
8 Mein Kopf glü-?-te.
9 Als ich meinen Lehrer ansa-?-, wusste ich, dass ich keine Chance hatte.
10 Er kam ganz na-?- auf mich zu und gab mir eine saftige Strafarbeit auf.
11 Ich suchte nach einem Dre-?- ihn umzustimmen, aber vergebens.
12 Das alles gescha-?- an einem Freitag, aber nicht an einem dreizehnten!

Fremdwörter mit *h*

Tipp 7
Bei einigen Wörtern aus dem Griechischen wird der Laut *t* mit *th* und der Laut *f* mit *ph* geschrieben: *der A<u>th</u>let, die <u>Ph</u>ilosop<u>h</u>ie.*

11 Wie heißen die gesuchten Wörter? Schreibe sie auf.

1	Schauspielhaus	Th . . . . .
2	bestimmt die Musik	Rh . th . . .
3	zum Fiebermessen	Th . . . .
4	Bücherei	. . . . . . th . .
5	Geschäft für Medizin	. . . th . . .
6	Tanzlokal	. . . . . th . .
7	Gegenteil von Praxis	Th . . . . .
8	Lehre vom Rechnen	. . th . . . . . .
9	großes Unglück	. . . . ph .
10	Abfolge der Buchstaben	. . ph . . . .
11	naturwissenschaftliches Schulfach	Ph . . . .
12	Luftmantel der Erde	. . . . . ph . . .

Wörter mit *ie*

Tipp 8
Ein langgesprochener *i*-Laut wird fast immer mit *ie* geschrieben: *frie-ren, du frierst, nie, der Stier*.

12 Wie heißt das passende Reimwort?
Schreibe beide Wörter auf: *schlief – rief*.

1 Otto auf der Bank fest schlief
als Nina seinen Namen -?-.
2 Die Pflanze aus dem Boden schießt,
wenn du täglich sie -?-.
3 Pech hatte der Läufer vor dem Ziel,
als der Stab zu Boden -?-.
4 Wenn im Wald die Jäger schielen,
können sie nicht auf Rehe -?-.
5 Beim Lügen sich die Balken biegen,
wenn Hunde hinter Katzen -?-.
6 Bei Schnupfen leiden auch die Riesen,
denn sie müssen dauernd -?-.

fiel 22
niesen 24
rief 19
fliegen 15
begießt 23
zielen 20

7 Die Schnecken schnell zum Beete kriechen,
wenn sie leckere Beeren -?-.
8 Willst du beim Turnen einmal siegen,
darfst du nicht wie ein Walross -?-.
9 So ist es fast bei jedem Spiel:
Es siegt, wer Erster ist im -?-.
10 Sei beim Essen nicht so gierig,
sonst ist das Benehmen -?-.
11 Am Morgen jeden interessiert,
was wieder in der Welt -?-.
12 Alle Jahre wieder,
blüht im Mai der -?-.

wiegen 14
riechen 18
Flieder 17
passiert 13
schwierig 16
Ziel 21

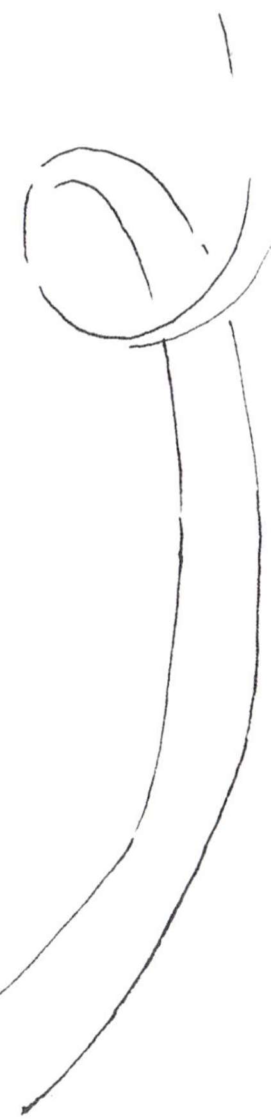

Tipp 9
Bei einigen Verben wird bei bestimmten Wortformen der Wortstamm mit *ie* geschrieben: *schlafen – er schlief, rufen – sie rief*.

13 Setze die Verben in Klammern in die 1. Vergangenheit (Präteritum) und schreibe sie auf.

Eine unruhige Nacht

1 „Lies nicht mehr so lange“, (raten) mir meine Mutter und schloss die Tür.
2 Doch in dieser Nacht (bleiben) ich noch lange wach.
3 Ich lag im Bett und (halten) ein spannendes Buch in der Hand.
4 Der Wind (blasen) um das Dach und die Ziegel klapperten.
5 Irgendwann (schlafen) ich dann doch ein.
6 Im Traum (erscheinen) mir eine unheimliche Gestalt.

7 Sie (halten) einen Dolch in der Hand.
8 Ich (schreien) vor Angst laut auf.
9 Dann (rufen) ich um Hilfe, aber es kam niemand.
10 Beim Umdrehen (stoßen) ich wohl mit dem Arm gegen die Wand und wachte davon auf.
11 Ein Stein (fallen) mir vom Herzen, denn ich hatte nur einen Albtraum gehabt.
12 Schnell (laufen) ich zu meinen Eltern und ließ mich trösten.

14 Die Wörter auf dem Bingo-Plan werden häufig falsch geschrieben. Lies auf Seite 7 nach, wie du diese Wörter mit Bingo üben kannst.

1 ziemlich	6 vielleicht	11 das Ziel	15 er fiel	20 hier
2 niemand	7 sie schlief	12 dieses Mal	16 es quietscht	21 sie rief
3 du spazierst	8 die Niete	neugierig	17 eine Fliege	22 niemals
4 er kriegt	9 schließlich	13 es passiert	18 er ließ los	23 sie telefoniert
5 schwierig	10 viele Leute	14 du liest	19 sie hieß	24 verliebt

Wörter mit *ieh*

Tipp 10
Es gibt nur wenige Wörter, die mit *ieh* geschrieben werden:
das Vieh, fliehen, ziehen, erziehen.
Bei einigen Verben mit einem *h* ändert sich bei bestimmten Wortformen der Wortstamm in *ieh: sehen – du siehst, leihen – er lieh – geliehen.*

15 Bilde die richtige Wortform und schreibe sie auf.

1	Wann (sehen) du Till?	vorsieht 21
2	Ich habe ihm meine neueste CD (leihen).	geschieht 23
3	Hoffentlich (geschehen) ihr nichts. Es ist meine Lieblings-CD.	geliehen 20
		siehst 22
4	Sag ihm bitte, dass er sich (vorsehen).	

5	(anziehen) bloß nicht den grünen Pulli ( ).	empfiehlst 13
6	Damit (stehlen) du mir total die Schau!	übersieht 15
7	Was (empfehlen) du mir dann?	stiehlst 19
8	Ich will nicht, dass Felix mich (übersehen).	Zieh … an 17

9	(sehen) nur, Hannes hat jetzt grüne Haare!	verziehen 14
10	Schade, dass er (fortziehen).	Sieh 24
11	Jasmin hatte sich von mir einen Krimi (ausleihen) und dann nicht zurückgegeben.	fortzieht 18
		ausgeliehen 16
12	Das habe ich ihr nicht (verzeihen).	

Wörter mit *i*

Tipp 11
Einige Wörter werden mit einfachem *i* geschrieben, obwohl das *i* langgesprochen wird: *Tiger, Musik,* Wörter mit der Endung *-ine* wie *Maschine, Apfelsine*.
Viele dieser Wörter wurden aus anderen Sprachen übernommen.

16 Wie heißen die gesuchten Wörter?
Schreibe sie auf und unterstreiche das *i*.

1	Ersatz für Butter	. . . . i . .
2	Haus, in dem Filme gezeigt werden	. i . .
3	Bretter, mit denen man im Schnee fahren kann	. . i . .
4	Gebäude, in dem Waren hergestellt werden	. . . . i .
5	große Raubkatze	. i . . .
6	Gewichtseinheit (1000 Gramm)	. i . . . .

7	kleine Hasenart	. . . i . . . . .
8	sehr gut	. . i . .
9	der sechzigste Teil einer Stunde	. i . . . .
10	explosive Flüssigkeit	. . . . i .
11	Gestalt	. i . . .
12	Farbe aus Rot und Blau	. i . .

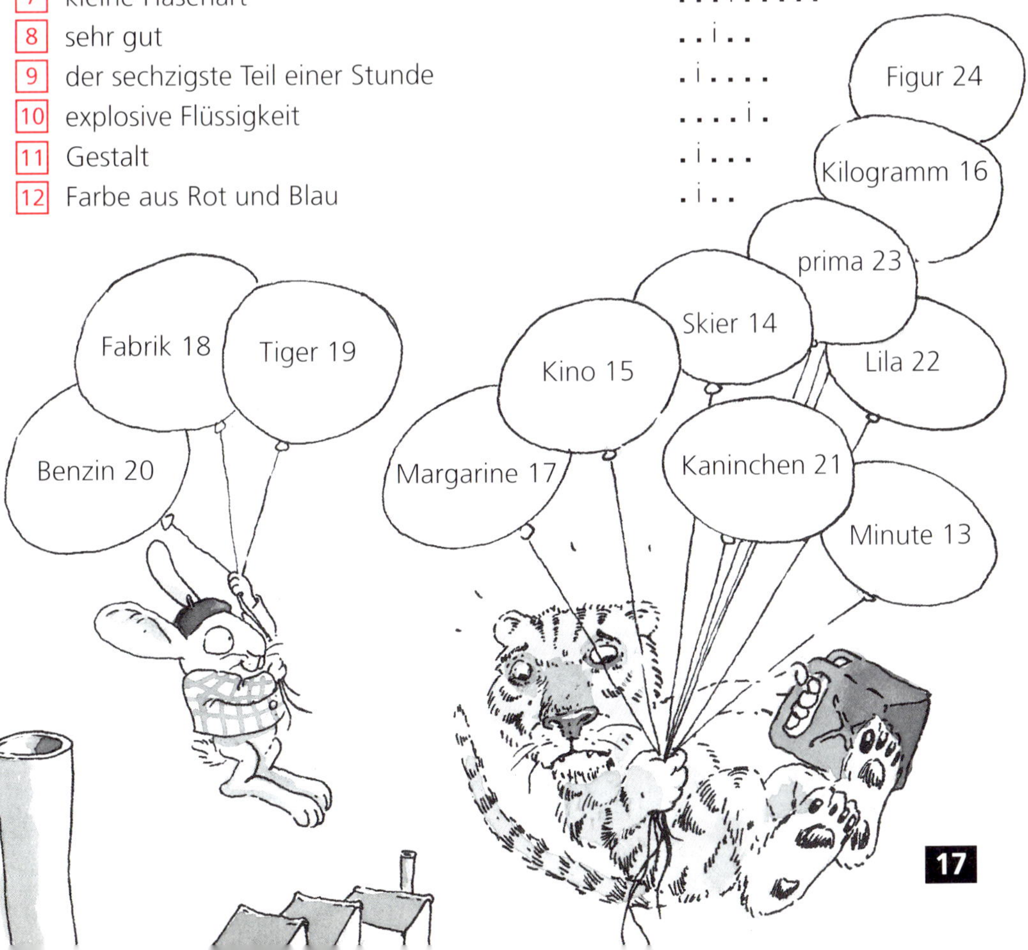

wieder oder *wider*?

Tipp 12
Mit den Wörtern *wieder* und *wider* gibt es viele Zusammensetzungen.
Bei der Bedeutung *erneut, nochmals* steht wieder:
Wiedergabe, wiederholen, auf Wiedersehen.
Bei der Bedeutung *gegen, entgegen* steht wider:
widerlich, widerspenstig, Widerstand, widerspiegeln.

17 Entscheide bei den folgenden Sätzen, ob *wieder* oder *wider* eingesetzt werden muss.

		i	*ie*
1	Kannst du den Satz w-?-derholen?	7	10
2	Er hat mir w-?-dersprochen.	12	1
3	Ich möchte, dass du mein Buch w-?-derbringst.	9	7
4	Wir w-?-derholen die Sendung am Sonntag.	3	9
5	Jeder W-?-derstand ist zwecklos!	1	11
6	Das ist ein w-?-derlicher Geruch.	11	8
7	Ich will es nicht mehr w-?-der tun.	2	5
8	Schönen Dank und auf W-?-derhören.	4	3
9	Die Sonne spiegelt sich im Wasser w-?-der.	8	12
10	Ich kann dir nicht alles w-?-dergeben, was er zu mir gesagt hat.	6	2
11	Wann willst du w-?-derkommen?	5	4
12	Das Rind ist ein W-?-derkäuer.	10	6

18 Wie musst du schreiben?

Heimfahrt

		i	*ie*
1	Hast du noch Benz-?-n im Tank?	8	7
2	Ich glaube, so zwei L-?-ter.	10	19
3	Das reicht doch höchstens noch für zehn K-?-lometer!	11	20
4	Wenn wir keine Tankstelle finden, stecken wir in einer Kr-?-se.	7	22
5	Ich seh nur W-?-sen und keine Tankstelle.	21	23
6	Bleib doch fr-?-dlich.	12	9
7	Das pass-?-rt doch jedes Mal, wenn wir zurückfahren.	24	21
8	Ich finde das ganz w-?-derlich!	19	3
9	Wie v-?-le Kilometer sind es denn noch bis zum nächsten Ort?	1	12
10	Das ist eine schw-?-rige Frage.	5	24
11	Und ich wollte heute noch ins K-?-no!	20	2
12	Gibt es denn im Radio Mus-?-k?	22	6
13	Leider nur Männerchöre mit Frühlingsl-?-dern.	16	1
14	Zum Glück ist das Wetter stab-?-l.	3	15
15	V-?-lleicht bleibt es ja morgen noch so.	18	5
16	Hast du noch Mandar-?-nen?	2	7
17	Ja, aber sie sind z-?-mlich sauer.	17	16
18	Das passt ja pr-?-ma zu meiner Stimmung.	6	4
19	Hier sind noch ein paar Ros-?-en.	15	9
20	Entschuldigung, g-?-bt es hier eine Tankstelle? Nein?	14	8
21	Wo kann man hier telefon-?-ren?	23	18
22	Da drüben an der Fabr-?-k ist eine Telefonzelle.	4	11
23	Ich rufe die Straßenwacht an und bitte um H-?-lfe.	13	10
24	Ich bin neug-?-rig, ob die auch Benzin haben.	9	17

Wörter mit *aa, ee, oo*

Bei einigen Wörtern wird der langgesprochene Vokal durch *aa, ee* oder *oo* gekennzeichnet: *das Paar, die Beere, das Moor*.

19 Suche die richtigen Zusammensetzungen und schreibe sie auf.

1	Kopf	beere 11
2	Arbeitslosen	beet 7
3	Salat	haar 12
4	Wald	heer 4
5	Bienen	klee 3
6	Futter	schnee 23
7	Hoch	staat 19
8	Neu	moor 15
9	Ruder	armee 16
10	Mittel	boot 8
11	Pfefferminz	meer 20
12	Befreiungs	tee 24
13	Nord	waage 1
14	Apfel	fee 6
15	Brief	gelee 9
16	Märchen	see 5
17	Schlaf	kaffee 2
18	Bohnen	allee 21
19	Pappel	tournee 18
20	Auslands	saal 22
21	Kartoffel	paar 17
22	Torf	zoo 13
23	Liebes	moos 10
24	Streichel	püree 14

Die Schreibung von *s*-Lauten

Bei den folgenden Wörtern wird der *s*-Laut gesummt („Bienen-*s*"):
Sand, singen, Grä-ser, Am-sel.
Man nennt diesen *s*-Laut auch weiches *s* oder stimmhaftes *s*.
Es steht stets am Anfang eines Wortes oder einer Silbe.

Tipp 13
Der stimmhafte *s*-Laut wird immer *s* geschrieben.

Bei den folgenden Wörtern wird der *s*-Laut gezischt („Schlangen-*s*"):
der Fluss, müssen, du musst, der Fuß, die Füße.
Dieser *s*-Laut wird auch scharfes *s* oder stimmloses *s* genannt.
Steht am Ende eines Wortes oder einer Silbe ein *s* oder ein *st*, dann wird das *s* ebenfalls gezischt gesprochen: *das Gras, er rast, has-tig.*

20 Wie werden die *s*-Laute in den folgenden Wörtern gesprochen?

		stimmhaft (gesummt)	stimmlos (gezischt)
1	der Rasen	19	24
2	groß	20	22
3	das Lesebuch	24	17
4	fast	21	20
5	niesen	17	18
6	es bläst	16	21
7	das Geheimnis	13	16
8	Zerreiß nicht dein Hemd!	23	13
9	das Haus	14	23
10	die Ameise	18	19
11	du bist	15	14
12	Iss auf!	22	15

Wörter mit *ß*

Tipp 14
Der stimmlose (gezischte) *s*-Laut wird mit *ß* geschrieben, wenn ein langgesprochener Vokal (*a, e, i, o, u*), Umlaut (*ä, ö, ü*) oder ein Doppellaut (*au, äu, ei, eu, ie*) vorausgeht: *stoßen, er stößt, er stieß, der Stoß, abstoßend*.

21 Was gehört in die Lücken?
Schreibe die Wörter vollständig auf und kennzeichne den langgesprochenen Vokal oder Doppellaut mit einem Strich: *sch<u>eu</u>ßlich*.

1 Gestern war es sch-?-lich.	eiß 9
2 Der Regen wollte nicht abr-?-en.	aß 8
3 Wir haben schl-?-lich Uno gespielt.	euß 7
4 Das hat auch Sp-?- gemacht.	ieß 12
5 Heute wollen wir das schöne	
Wetter gen-?-en.	auß 10
6 Wir werden daher nach dr-?-en gehen.	aß 3
7 Bei uns kann man auch	uß 1
auf der Str-?-e spielen.	ieß 5
8 Wo ist denn mein F-?-ball?	
9 Morgen findet in unserem Dorf	eiß 4
ein riesengr-?-es Fest statt.	oß 11
10 Zu der Tausendjahrfeier	ieß 6
werden auch die Schützen sch-?-en.	üß 2
11 Sicher werden auch viele Redner	
ihre Gr-?-e übermitteln wollen.	
12 Um nicht zu lachen, muss ich	
mir dann immer auf die Lippen b-?-en.	

s oder *ß* ?

Tipp 15
Wenn du am Ende eines Wortes oder einer Silbe ein gezischtes *s* hörst, führe die Verlängerungsprobe durch.
Wenn du dabei ein stimmhaftes (gesummtes) *s* erkennst, dann schreibst du auch die kurze Wortform mit *s*:
das Gras – die Gräser, sie reist – reisen.
Erkennst du aber ein stimmloses (gezischtes) *s*, dann schreibst du *ß*:
heiß – heißer.

22 Überprüfe mit der Verlängerungsprobe, ob *s* oder *ß* geschrieben werden muss.

		s	*ß*
1	Der Bach flie-?-t.	2	6
2	Sie dreht sich im Krei-?-.	9	5
3	Schicke ihm einen Gru-?-.	8	1
4	Ich habe ein Lotterielo-? gekauft.	5	11
5	Claudia nie-?-t.	7	3
6	Der Sommer ist hei-?-.	6	10
7	Ich finde das Kleid prei-?-wert.	3	12
8	Was bewei-?- das?	11	9
9	Kauf doch bitte einen Strau-?- Blumen.	10	2
10	Mein Hunger ist gro-?-.	4	8
11	Hier hast du ein Gla-?- Milch.	12	7
12	Ein Elefant hat zwei Sto-?-zähne.	1	4

Wörter mit *s*, die man sich merken muss

23 Die folgenden Wörter mit einem stimmlosen (gezischten) *s* werden häufig falsch geschrieben. Übe sie mit Bingo.
Auf Seite 7 steht, wie du Bingo spielen kannst.

1 fast	6 anders	11 fest	15 am meisten	20 damals
2 niemals	7 deshalb	12 nichts	16 mindestens	21 raus
3 vorwärts	8 du bist	nirgends	17 jeweils	22 rechts
4 der Bus	9 bis bald	13 etwas	18 falls	23 rückwärts
5 geheimnisvoll	10 losfahren	14 sorglos	19 am besten	24 meistens

Wörter mit *ss*

Tipp 16
Der stimmlose (gezischte) *s*-Laut wird mit *ss* geschrieben, wenn ein kurzgesprochener Vokal (*a, e, i, o, u*) oder Umlaut (*ä, ö, ü*) vorausgeht: *hassen, du hasst, der Hass, hässlich.*

24 Suche zu den folgenden Wörtern ein weiteres Wort der gleichen Wortfamilie aus der Wörterschlange.
Schreibe beide Wörter auf und kennzeichne den kurzgesprochenen Vokal oder Umlaut mit einem Punkt: *der Kuss – küsst.*

1 der Kuss
2 passend
3 der Fluss
4 das Schloss
5 der Regenguss
6 der Biss
7 wissen
8 die Nässe
9 der Riss
10 der Hass
11 die Fassung
12 lässt

25 Prüfe, ob der Vokal vor dem *s*-Laut lang- oder kurzgesprochen wird. Entscheide dann über die Schreibweise.

		ss	*ß*
1	Ich a-?- ein Eis.	21	13
2	Das Schlo-?- ist schön.	5	18
3	Das pa-?-t mir nicht!	16	19
4	Viele Grü-?-e aus Wien!	11	2
5	Mein Hobby ist Fu-?-ball.	19	21
6	Du bist aber na-?-!	18	3
7	Schlie-?-lich bin ich schon 13.	15	11
8	Er hie-?- Gerd.	22	19
9	Weihnachten verbringe ich im Scho-?- der Familie.	8	15
10	Ich mag sü-?-e Erdbeeren.	24	22
11	Auf der Stra-?-e ist es glatt.	17	8
12	Der April hat drei-?-ig Tage.	4	24
13	Es go-?- in Strömen.	1	14
14	Die Hochzeit wird ein gro-?-es Ereignis.	12	17
15	Das wu-?-te ich nicht!	3	23
16	La-?- das!	14	7
17	Ich fa-?-e das nicht!	23	6
18	Rei-?- nicht an den Kleidern!	9	4
19	Wie hei-?- du?	13	12
20	Die Oker ist ein kleines Flü-?-chen.	7	20
21	Au-?-erdem lügt er.	2	9
22	Diese Frage ist eine harte Nu-?-.	6	10
23	Pa-?- auf!	20	5
24	Vergi-?- mich nicht!	10	16

Wenn sich der Wortstamm ändert

Bei einigen Wörtern ändert sich der Wortstamm.
Dadurch ändert sich auch die Schreibweise des *s*-Lautes;
essen – *du isst – ich aß – wir haben gegessen – iss!*
gießen – du gießt – er goss – er hat gegossen.
Prüfe, ob der Vokal vor dem *s*-Laut kurz- oder langgesprochen wird.

26 Was musst du einsetzen?

messen		*ss*	*ß*
1	er mi-?-t	9	5
2	sie ma-?-	1	17
3	wir haben geme-?-en	14	3
4	der Ma-?-stab	18	10

beschließen		*ss*	*ß*
5	ich beschlie-?-e	13	1
6	du beschlie-?-t	21	18
7	wir beschlo-?-en	5	4
8	der Beschlu-?-	3	2

fließen		*ss*	*ß*
9	es flie-?-t	11	13
10	es flo-?-	2	23
11	es ist geflo-?-en	4	6
12	der Flu-?-	6	19

zerreißen		*ss*	*ß*
13	ihr zerrei-?-t	7	21
14	ich zerri-?-	23	22
15	wir haben zerri-?-en	19	20
16	der Ri-?-	22	12

wissen		*ss*	*ß*
17	du wei-?-t	17	11
18	wir wu-?-ten	20	15
19	ihr habt gewu-?-t	12	24
20	wi-?-begierig	15	16

schließen		*ss*	*ß*
21	du schlie-?-t	10	7
22	er schlo-?-	24	8
23	es ist geschlo-?-en	16	9
24	der Schulschlu-?-	8	14

27 Entscheide über die Schreibweise. Lies im Zweifelsfall noch einmal Tipp 13 bis 16.

So ein Tag!

		s	*ß*	*ss*
1	Mei-?-tens wache ich ja morgens rechtzeitig auf,	7	2	9
2	aber heute hätte ich fa-?-t verschlafen.	9	8	12
3	Vor lauter Eile habe ich die Milch nicht in das Gla-?-,	12	5	10
4	sondern auf den Tisch gego-?-en.	5	3	8
5	Dann habe ich mir auf die Zunge gebi-?-en	3	1	5
6	und beim Aufstehen am Tisch das Knie gesto-?-en.	4	10	1
7	Hätte ich gewu-?-t,	6	11	3
8	was mir son-?-t noch bevorstand,	1	2	11
9	ich wäre schleunig-?-t wieder ins Bett gegangen.	11	6	2
10	Aber ich beschlo-?- trotzdem in die Schule zu gehen.	4	9	6
11	Natürlich kam ich zu spät zur Bu-?-haltestelle.	2	4	7
12	In der Schule mu-?-te ich dann feststellen, dass schulfrei war.	8	12	4

Wann schreibt man *das*?

Am häufigsten benutzt man das Wörtchen *das* als Artikel:
das (dieses) Kind, das (dieses) schnelle Auto.
Häufig bezieht sich *das* auch auf ein vorhergehendes Nomen:
Ich suche mein Geschenk, das (welches) ich von Oma bekommen habe.

Tipp 17
Das Wörtchen *das* wird immer mit *s* geschrieben, wenn du es durch *dieses* oder *welches* ersetzen kannst.

28 Überlege, durch welches Wort du das Wörtchen *das* ersetzen kannst.

		dieses	***welches***
1	Ich suche mein Portmonee, <u>das</u> ich eben noch hatte.	2	5
2	Ich freue mich auf <u>das</u> Fest.	3	7
3	Dort sitzt ein Mädchen, <u>das</u> ich noch nie gesehen habe.	6	2
4	Auf dem Foto, <u>das</u> er mir gegeben hat, sieht er gut aus.	4	6
5	<u>Das</u> ist aber ein schönes Geschenk.	7	11
6	Wo ist das Futter, <u>das</u> die Katze bekommt?	1	4

Welche sinnvollen Sätze kannst du bilden?

7	Kannst du mein Pferd, -?- , füttern?	das du auf dem Arm hast 9
8	Er wohnt in dem Haus, -?- .	das in der Kühlbox ist 8
9	Nimm dir von dem Obst, -?- .	das mir so weh tut 12
10	Du kannst das Eis haben, -?- .	das im Stall steht 10
11	Es ist das rechte Bein, -?- .	das frisch gestrichen ist 11
12	Das Tier, -?- , ist richtig süß.	das auf dem Tisch steht 1

Wann schreibt man *dass*?

Tipp 18
Das Wörtchen *dass* steht häufig nach Verben wie *denken, sagen, behaupten, meinen, wissen, sehen, glauben, fühlen, wünschen, hoffen, befürchten:*
Ich glaube, dass du im Recht bist.
Alle hofften, dass er bald zurückkommen würde.
Das Wörtchen *dass* kann **nicht** durch *dieses* oder *welches* ersetzt werden!

29 Prüfe in den folgenden Sätzen, ob du *das* oder *dass* einsetzen musst.

Aus dem Rattenleben

		das	***dass***
1	Es ist vielleicht nicht bekannt, -?- Farbratten und weiße Laborratten Züchtungen der Wanderratte sind.	12	5
2	-?- Männchen ist etwa 20 Zentimeter lang, der Schwanz etwas kürzer.	1	2
3	Sein Gewicht, -?- in „fetten" Zeiten bis 500 Gramm betragen kann, schwankt sehr stark.	4	10
4	Wissenschaftler fanden heraus, -?- Ratten über ein gutes Informationssystem verfügen.	11	6
5	Das erste Tier, -?- einen neu ausgelegten Köder findet, entscheidet oft über Annahme oder Ablehnung.	10	8
6	Der wichtigste Sinn der Ratten ist -?- Geruchsvermögen.	2	3
7	Ein Weibchen, -?- bis zu siebenmal im Jahr trächtig wird, kann jedes Mal 6 bis 12 Junge zur Welt bringen.	8	9
8	Es ist nicht verwunderlich, -?- Ratten Nesthocker sind.	7	12
9	Das Sehvermögen, -?- bei den erwachsenen Tieren eine wichtige Rolle spielt, ist noch nicht entwickelt.	3	1
10	Auch -?- Fell erscheint erst im Alter von 15 Tagen.	9	4
11	Erstaunlich für Nagetiere ist, -?- die Jungen ein hoch entwickeltes Spielverhalten zeigen.	5	11
12	Dies zeigt, -?- Ratten ziemlich intelligente Tiere sind.	6	7

30 Prüfe in den folgenden Sätzen, ob du *das* oder *dass* einsetzen musst.

Mond zu verkaufen

	das	***dass***
Viele Menschen meinen, [1] der Mond unverkäuflich ist.	19	20
[2] ist allerdings nicht richtig.	24	23
Es ist in der Tat möglich,		
ein Grundstück zu kaufen, [3] auf dem Mond liegt.	21	22
Die Idee dazu hatte Dennis Hope.		
In den sechziger Jahren hatten sich die Länder		
innerhalb der UNO zwar darauf geeinigt,		
[4] der Mond keinem Staat gehört.	14	19
Aber Hope fand heraus, [5] es auf der Welt kein Gesetz gibt,	15	16
[6] den privaten Besitz auf dem Mond verbietet.	23	18
In San Francisco stellte er bei der Bezirksregierung		
deshalb einen Antrag.		
Er bezog sich dabei auf ein in den USA		
gültiges Recht von 1862, [7] besagt,	18	17
[8] es jedem Bürger gestattet ist,	13	14
ein rund 68 Hektar großes Stück Land zu besiedeln,		
„wo immer es sich auch befindet".		
Natürlich wurde [9] Anliegen zunächst abgelehnt.	22	24
Als Hope bei seinem dritten Antrag schon glaubte,		
[10] er aufgeben müsse,	20	15
genehmigte der Chef der Bezirksregierung den Antrag		
unter der Bedingung, [11] Hope zehn Dollar	16	13
für die Ausstellung der Papiere bezahlte.		
Die verrückte Idee erwies sich bald als ein Geschäft,		
[12] seinen Erfinder von seinen finanziellen Nöten befreite.	17	21

Lernspiel

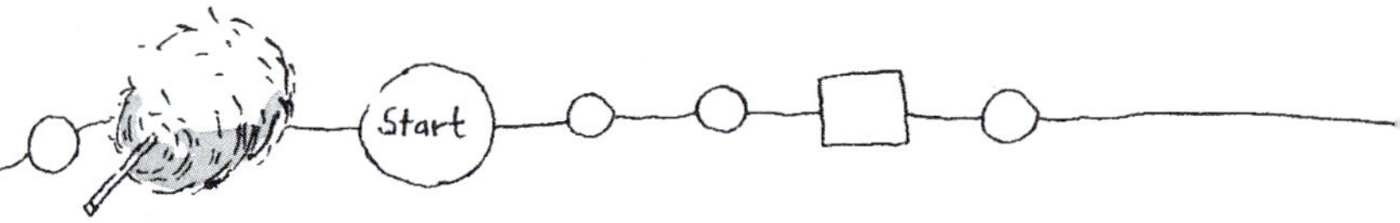

Dieses Spiel kannst du zu zweit oder mit mehreren spielen. Ihr braucht einen Würfel und für jeden Spieler eine Spielfigur, Zettel und Bleistift.
Gestartet wird bei „Start". Jeder setzt so viele Felder, wie der Würfel Augen zeigt.
Wer auf ein rechteckiges Feld kommt, löst eine Aufgabe in der Reihenfolge 1–24, setzt das entsprechende LÜK-Plättchen und notiert sich die Aufgabennummer.
Das Spiel ist zu Ende, wenn alle Aufgaben gelöst sind. Wer die meisten Aufgaben richtig gelöst hat, hat gewonnen.

Achterbahn

		mit ***h***	ohne ***h***
1	Ich war schon seit e-?-wigen Zeiten nicht mehr auf dem Jahrmarkt.	1	14
2	Aber gestern bin ich mit me-?-reren Freunden zum Frühlingsmarkt gegangen.	18	9
3	Wir zogen frö-?-lich über den Platz.	22	2
4	Als Erstes aßen wir vergnü-?-gt Zuckerwatte und Eis.	5	13
5	Wä-?-rend wir schmausten, sahen wir uns die Attraktionen an.	9	17
6	Der „Space-Shuttle" war mir zu gefä-?-rlich.	17	6
7	Mike und ich sahen zu, wä-?-rend Jan und Lena sich durchschütteln ließen.	6	10
8	Nach der Fa-?-rt waren sie begeistert.	2	21
9	Aber es war i-?-nen auch etwas übel.	21	10
10	Ich war fro-?-, dass ich nicht mitgefahren bin.	10	15
11	Für mich wäre es eine einzige Qua-?-l gewesen.	20	1
12	Mit dem Magen bin ich nä-?-mlich empfindlich.	24	5